supernova

SABRINA MARSIGLI

supernova

1ª edição | São Paulo, 2024

LARANJA ● ORIGINAL

Para André,
que me convida a olhar as estrelas
e planta cosmos em nosso jardim

*Fui dormir umas vezes tão feliz, que, se soubesse minha força, levitava.
Em outras, tanta foi a tristeza que fiz versos.*

ADÉLIA PRADO

explosão estelar

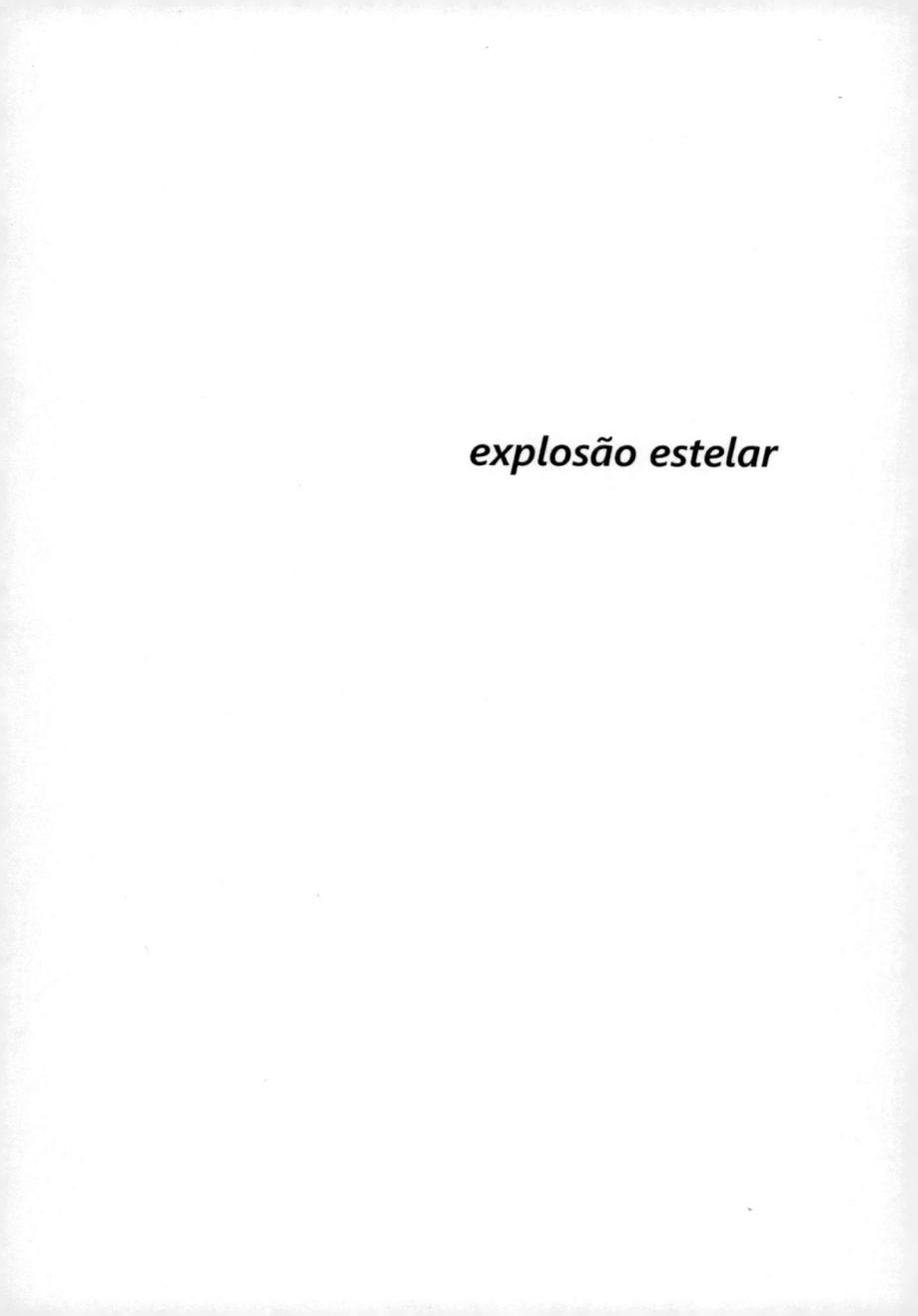

sombra

em um momento
o sol desaparece

e chego a pensar que sou menos
que meu otimismo beira a insanidade
que meus planos são demasiados tortos
que o que sou é pouco
que não chego aos pés dos outros

que não vai ser nessa vida
que vou viver
o que sou

o mesmo chão

(exausta)
estou a um passo
do que não posso

conheço bem esse abismo

e
vou
cair

mergulhar no mesmo ar de sempre
sentir o vento, contemplar a vista

e quebrar todos os meus ossos
no mesmo chão
de sempre

a porta vinte e sete

das quatrocentas portas que circundam
o salão da minha vida,
eu insisto em sempre entrar
na porta vinte e sete.

mesmo sabendo
sem sombra de dúvida
que a porta vinte e sete
me leva direto ao inferno.

mesmo sabendo
sem sombra de dúvida
que o caminho de volta será por demais penoso:
precisarei subir mil montanhas
passar fome e sede
e quase morrer.

mas sei, no fundo,
que conseguirei voltar viva
ao salão da minha vida
e olhar novamente as quatrocentas portas.

terei então uma nova chance
para escolher a porta vinte e sete.

flagelo

não é suave

com força bruta
meu corpo mostra

que o esforço é pouco
que o caminho é longo

que ainda há um bom tanto
a aprender antes de ver

o sol nascer
sem dor

tem uma batalha

tem uma batalha
que ainda não lutei
e me espera
(eu sei)

e sei mais:
sei como lutá-la
já li tudo a respeito
e ensaiei seus golpes um milhão de vezes

estou pronta

mas por alguma razão meus pés criaram raízes
e meu corpo está por demais confortável

tem uma batalha
que ainda não lutei
e me espera

eu sei

ria

preciso não pensar
em tudo

um vinho talvez me sirva
uma amiga engraçada
uma conversa no portão

hoje
qualquer distração
me consola(ria)

a maçã

basta
uma mordida (pequena)
para eu me perder inteira

só uma mordida
e abandono tudo o que sei
e fujo do paraíso

eu já cortei essa árvore um milhão de vezes
e ela sempre volta a crescer

e assim será

ao menos enquanto eu não souber só olhar
(não colher)
(não morder)

ao menos até eu aprender a cuidar
do meu paraíso
(particular)

eu pisco

eu pisco,
e os antigos hábitos batem à porta.

como velhos amigos, sentam-se no sofá,
abrem a geladeira, brincam com o cachorro.

espiam as novas fotos na parede
e levantam as sobrancelhas – quase jocosos.

então olham bem nos meus olhos e dizem
(sem palavras e pausadamente)

que. eu. ainda. sou.
o. que. fui.

eu sei.
eu sou.

eu pisco.
eu sempre pisco.
eu não sei viver sem piscar.

no fundo

quero
o que não preciso
insisto em prazeres fugazes

um passo por dia
para longe da redenção

até que o caminho de volta
se torne por demais penoso
e longo

então permaneço
no fundo
do poço

(e não tem mola aqui)

hoje não

hoje não teve plano mirabolante
hoje não teve brincadeira
hoje não teve risada

hoje teve apenas eu
deitada em uma cama
dormindo e acordando

com a certeza de que
amanhã (talvez)
eu levante

(e tudo bem)

parte do todo

aqui no meu povoado
a guerra também chegou
os homens revelaram-se opostos
as palavras perderam o poder do encontro

aqui no meu povoado
vejo o mundo ao extremo
o melhor e o pior
em escala mínima

aqui no meu povoado
também não conseguimos fazer diferente
e estamos todos chocados
por sermos como eles

como tudo, como o todo,
incapazes e egoístas
(seres humanos)

pouco e tanto

eu não sei,
não aprendi,
estou tentando.

mas o tanto que consigo
ainda é pouco
para mudar

o tanto que custa
uma vida inteira
lapidando o mesmo defeito.

respiro

me recolho para de novo
encontrar a medida

(do quanto me dar
sem me sentir vazia)

é tão fina essa linha
que sempre a perco de vista

então me recolho para de novo
de novo
(de novo)

fina
vista

tem muito mais

tem muito mais para morrer em mim
além de tudo que já matei

tem uma solidão
que é só minha
(e não morre nunca)

tem um desejo de comunhão
que não sabe como ser dois
(e não morre nunca)

tem uma aceitação do possível
que deixa sempre o copo meio vazio
 (e não morre nunca)

tem muito mais para morrer em mim
além de tudo o que já matei

mas hoje, veja bem:
minhas mãos estão cansadas
e pedem repouso

(tem muito mais para viver em mim
apesar de tudo que já matei)

mil lágrimas

tenho em mim um rio de lágrimas
contido por quarenta e dois anos

quarenta e dois anos ouvindo calada
engolindo o choro

quarenta e dois anos com a mesma angústia infantil
o mesmo medo de fazer a cara errada

foram precisos quarenta e dois anos
(mais dores na vesícula e uma tireoide atrofiada)
para eu perceber que:

não preciso mais conter nada

não
preciso
mais conter nada

(pode chorar, Sabrina)

a flor e a espada

dentro de mim,
o mundo pulsa ao extremo
tenho a espada e tenho a flor
(e todos os dias escolho qual vou empunhar)

queria poder, todos os dias, ser flor:
tomar sol, beber água e brotar da terra

nem sempre consigo e,
quando menos espero,
estou com a espada em riste.

e me dou conta, triste,
que pisei em um tanto de flores
(que um dia pude ser)

eu que achei

e eu
que achei
já ter passado pela grande crise

achei que estava mais forte
que tudo seria mais fácil
(agora sim)

mas não:
hoje sei que a grande crise foi só um preparo
para eu estar com a casca um pouco mais grossa
e me esfolar menos
na próxima

(e eu)
(que achei)

menos-valia

tudo
que não consigo

diz
mais sobre mim

do que
as medalhas de ouro

que
carrego comigo

esperançar

quantas vezes mais vou piscar e deixar para trás
o que até ontem me servia como verdade?

quantos rasgos no peito
vou deixar sangrar
até amainar a dor?

quantos avessos vou virar
buscando encontrar
o próximo chão?

quantos momentos de inação vão me acometer
com a certeza de que nada mais será?

quantas manhãs ainda irão raiar
e sussurrar em meu ouvido esquerdo:

"levanta, para de fingir que você não tem esperança"?

potencialidade pura

supernova

eu nasci hoje
agora mesmo, neste instante

estou no tempo exato
entre quarenta e dois anos passados
e a vida inteira pela frente

exatamente de onde estou
vejo todas as que antes de mim abriram o caminho
(sentiram dores e plantaram flores)

vejo também o futuro
e todas que depois de mim virão e serão mil vezes melhores
(entenderão tudo o que hoje é pedra em meu coração)

eu nasci hoje
e sei quem sou

estelar

sinto
mais uma vez
que algo me aguarda
no azul mais alto do céu

e sei
que virá
diretamente
ao meu encontro

como um cometa reluzente
atravessará mil madrugadas

passará por um milhão de pontos estelares
verá mil sóis nascendo
voará por entre bandos de pássaros azuis e amarelos
refletirá nas águas claras dos rios

e me encontrará

entrará pela minha boca
e brilhará dentro do meu peito

(enquanto espero,
todas as minhas células vibram
e anseiam em calmaria)

pérola

já não quero mais
o que um dia eu quis – e não tive

hoje
quero só o que tenho

hoje
depois de muito não ter, entendi:

o que me habita
é o que há de mais precioso

dentro

questiono se devo e, no mesmo instante,
percebo que dentro: já fui

como é lindo saber
que não posso ser outra

(estou pronta)

livre sentimento

pensar demais
acaba comigo

preciso de um espaço
sem pensamento

sem coerência
sem consequência

um espaço
de livre sentimento

receita

para a ternura
que quero receber

o primeiro passo: dar

anos-luz

trinta e nove anos passei
me sentindo inadequada

(desconfortável)
(imperfeita)

(incompleta)
(censurável)

aos quarenta,
percebo:

não há mais tempo
para o que não sou

me libertei
das minhas próprias algemas

salve!

quem sou

posso encontrar
mil argumentos
e mil e um fatos
para te explicar
quem sou

posso mostrar
minhas fotos de infância
contar dos filmes que gostei
mostrar meus livros preferidos
(guardados na estante por ordem de cor)

mas não
não encontro
não explico
não mostro
e não conto

sempre que falo de mim
no instante seguinte
me arrependo

sim: pois já sou outra
(quem escreveu esse poema
já foi tudo o que tinha que ser)

quando

só consegui
entender
meus excessos

quando olhei
para minhas
faltas

só consegui
atenuar
meus excessos

quando aceitei
e abracei
a dor

graça

a flor mais linda brota no asfalto
e enche de esperança o mais bruto coração

ainda bem que a natureza é assim
invade e cresce e de graça:

nos salva!

sinais

meus cabelos brancos
me conferem um encanto
que nunca tive

minhas rugas
enaltecem meu tempo
de riso e de choro

diariamente
meu corpo me dá de presente
todos os sinais que preciso

(para me amar)
(cada dia mais)

temperança

algo me faz esperar
e não beber
em um único gole
todo o mel do pote

como sou devota
creio ser a voz do anjo
sussurrando em meu ouvido
um bom conselho

mas preciso dizer que não está fácil:
a ânsia de querer seguir
e abrir esse caminho com facão
quase me domina

anjo,
hoje eu preciso
que você fale um pouco mais alto
(ou talvez: aparecer daria?)

vida

não há tempo para tudo
(tudo é muito)

mas há tempo para muito
(muito é tudo)

salve

contar
sua história

é lançar ao mar
um bote salva-vidas

magnólia

preciso de um mundo todo novo
de um olhar fresco

preciso criar um tempo
de morada calma

preciso de um chão de terra e
mais do que tudo

preciso de flores
(muitas flores)

mestres

converso com os anjos
em prosa poética

(mas os mestres da rima são sempre eles)

a pianista

em meus devaneios
sou pianista

(e dos meus dedos deslizam poemas sonoros)

ainda há mais

(sei que)
querer de novo
o que já foi
é ilusão de alegria

(por isso)
caminho para a frente
e sinto como é
ainda mais lindo

(viver)
o novo
que a vida
(a)guarda

caminho

o que me espera
eu não posso garantir
(mas vislumbro)

como um filme mudo
vejo quase tudo
(aqui dentro)

medo

quando o novo
foi a única rota possível

o medo
foi meu companheiro de viagem

por muitos quilômetros
ele carregou a minha mochila

descobri que ele é bom de conversa
e também de silêncio

e que pode ser
(mesmo)

um bom companheiro

carta ao corpo

você e eu somos
o que foi possível

e hoje
depois de tanto tempo (longe)
urge aprender o amor (que nunca fomos)

e sei, vamos conseguir:
sempre é tempo de habitar
o próprio corpo

labuta

depois de tantos anos
de tanto pensar
de tanto tentar

e desistir
e tentar de novo

hoje
de novo
eu quase consigo

falta mesmo
muito pouco

(e sigo)

não, nem e nada

não tenho mais tempo
para meias verdades

nem me dirija a palavra
se não for francamente

a essa altura da vida
já sei identificar meias mentiras

(manipulações banais)
(intenções escondidas)

perceba o que digo
com sincera alegria:

quero sentimentos puros
medos e contentamentos à mesa

conversas corajosas
amores, bons frutos

café com os anjos

tem dias que me invade
uma vontade incontrolável de dormir
urge uma pausa
para tudo do mundo
um momento de sonho não planejado
um sono de encontro
com os anjos

a porta mágica

a mentira
é uma porta de ferro
barulhenta e emperrada
que se abre para um quarto escuro
(e sem janelas)

a verdade
é uma porta mágica
que se abre para um átrio iluminado
com um milhão de portas coloridas
(e abertas)

simples

o mais simples eu sinto
o básico, a cor pura

não compliquemos o amor

enlace sua mão na minha
e para sempre
bastaremos

convite

que tal sair
um pouco
da redoma
que te abraça
e te impede
de ver o outro
sentir a vida
pisar na terra?

a cereja

o que eu menos quero – a essa altura
é lutar contra as marcas
que o tempo traz

sim, eu vivi
e tenho marcas

e não vou tentar apagar
(corrigir)
(disfarçar)
(amenizar)
a beleza que o tempo
desenha em mim

quero mesmo é celebrar:

a magnitude do tempo
a perfeição do corpo que habito

sim, eu vivi
e tenho marcas

calêndula

não me venha
com meias verdades

só quero
as verdades inteiras

um campo repleto delas
flores amarelas

cosmos
calêndulas
gerberas

amarelo
amarelo
amarelo

a perder de vista

(a verdade é florida)
(e amarela)

mil vezes errar

quero viver e poder errar,
errar e poder explicar,
errar e ajustar a conduta.

sem: conter o choro,
sem: esconder o rosto.

errar, errar, errar,
mil vezes errar!

(que chata seria eu, meu Deus,
se acertasse sempre)

os que querem

a mentira conforta
os que querem
permanecer iguais

a verdade transforma
os que querem
encontrar a rota

(do) outro tanto

eu não me basto
preciso de outro cheiro
preciso de outro som

preciso que uma voz me acorde no meio da noite
preciso pedir um favor em um dia de chuva
preciso de um olhar de encantamento
preciso ouvir vozes vindas da sala
preciso ter a vista de outro ponto
preciso de quatro pernas e vinte mãos
preciso receber instruções (de voo)
preciso partilhar os frutos do limoeiro
preciso ouvir palmas no portão
preciso do sorriso da moça da padaria
preciso da notícia de um nascimento
preciso encontrar pessoas na porta da escola
preciso de um almoço pronto

eu não me basto
preciso do outro
um bom tanto

socorro

lá do fundo quintal
as plantas gritam
(desesperadas por mim)

precisam de água
precisam de um olhar
precisam de um vaso novo

os gritos entram
pela janela do escritório
(água – olhar – vaso)

suculentas
miniorquídeas
manjericão em flor

todas
gritando juntas:
água – olhar – vaso

não aguento mais
tanta lamentação
(socorro)

lá vou eu
me salvar

era impossível

foram anos e anos
me sentindo inadequada

até que um dia eu acordei cansada
(de usar roupas que não me cabiam)

e neste dia o sol brilhou tão forte
que queimou tudo que era impossível

semente

uma semente
carrega a potência
de uma floresta inteira

mas
antes de ser floresta
ela precisa se entregar ao escuro da terra
permitir que seu corpo se parta em dois
ter a certeza de que não vai resistir

quase desistir
(mas não)

lutar contra a gravidade
lutar contra a gravidade
lutar contra a gravidade

e um dia
encontrar a luz
sentir a chuva, secar no vento

para só então começar a ser (ainda que pequeno e franzino)

o primeiro broto
da primeira árvore
da imensa floresta

próximo passo

quero
o desconhecido
o frio na barriga
o não saber como

quero
o novo
de novo
e sempre

quero
o sol extremo
o escuro sem fósforos
o máximo do medo

(d)o próximo passo

ÍNDICE DE POEMAS

explosão estelar 9

sombra 11
o mesmo chão 12
a porta vinte e sete 13
flagelo 14
tem uma batalha 15
ria 16
a maçã 17
eu pisco 18
no fundo 19
hoje não 20
parte do todo 21
pouco e tanto 22
respiro 23
tem muito mais 24
mil lágrimas 25
a flor e a espada 26
eu que achei 27
menos-valia 28
esperançar 29

potencialidade pura 31

supernova 33
estelar 34
pérola 35
dentro 36
livre sentimento 37
receita 38

anos-luz	39
quem sou	40
quando	41
graça	42
sinais	43
temperança	44
vida	45
salve	46
magnólia	47
mestres	48
a pianista	49
ainda há mais	50
caminho	51
medo	52
carta ao corpo	53
labuta	54
não, nem e nada	55
café com os anjos	56
a porta mágica	57
simples	58
convite	59
a cereja	60
calêndula	61
mil vezes errar	62
os que querem	63
(do) outro tanto	64
socorro	65
era impossível	66
semente	67
próximo passo	68

© 2024 Sabrina Marsigli
Todos os direitos desta edição reservados à Laranja Original

www.laranjaoriginal.com.br

Edição e produção executiva
Bruna Lima
Projeto gráfico
Iris Gonçalves
Imagem da capa
perfectpng/adobestock
Foto da autora
Acervo pessoal

Laranja Original Editora e Produtora Eireli
Rua Isabel de Castela, 126
Vila Madalena, São Paulo - SP
05445-010
contato@laranjaoriginal.com.br

Dados Internacionais de Catalogação na Publicação (CIP)
(Câmara Brasileira do Livro, SP, Brasil)

Marsigli, Sabrina
  Supernova / Sabrina Marsigli. -- São Paulo :
Editora Laranja Original, 2024. -- (Grão de chão)

ISBN 978-85-92875-92-3

1. Poesia brasileira I. Título. II. Série

24-233451   CDD-B869.1

Índices para catálogo sistemático:
1. Poesia : Literatura brasileira B869.1
I Eliete Marques da Silva - Bibliotecária - CRB-8/9380

Fonte: Segoe UI
Papel: Pólen Bold 90 g/m²
Papel da capa: Cartão 250 g
Impressão: Psi7 / Book 7